Es gibt kein problematisches Kind,
es gibt nur problematische Eltern.

Alexander Sutherland Neill

Udo Brückmann

Kindergedichte

Books on Demand

Bibliografische Information der Deutschen Nationalbibliothek:
Die Deutsche Nationalbibliothek verzeichnet diese Publikation in der
Deutschen Nationalbibliografie; detaillierte bibliografische Daten
sind im Internet unter *http://dnb.d-nb.de* abrufbar.

Umwelthinweis:
Dieses Buch wurde auf chlor- und säurefreiem Papier gedruckt.

Copyright © 2011 Udo Brückmann
Herstellung und Verlag: Books on Demand GmbH, Norderstedt
Umschlaggestaltung: Udo Brückmann
Das Cover-Foto zeigt Samuel Brückmann
Printed in Germany

ISBN 978-3-8423-7955-8

*Pour Léonard Coudé du Foresto
à Paris*

Inhaltsverzeichnis

Die Wolke

Könnte eine Wolke mit mir sprechen,
Dann würde ich ihr sagen,
Aus dem Himmel einmal auszubrechen,
Um 'was and'res mal zu wagen.

So wär' es für die Wolke schön,
Ein Bergwerk zu besuchen,
Die Welt von unten gar zu seh'n,
Um aus der Tiefe dann zu rufen:

»Hier gefällt es mir ganz gut,
So weit unter dem Boden.
Doch vor Hitze, Staub und Glut,
Da bleib' ich lieber oben!«

Die Punkte auf dem Marienkäfer

Siehst du dort den roten Käfer,
Wie er krabbelt durch die Welt?
Mal ist er wach – und manchmal schläft er,
So ist es um sein Wohl bestellt.

Doch immer, wenn er ängstlich ist,
Will ihn auf seinem Rücken,
Durch einen Fluch, durch eine List,
Ein fetter, schwarzer Punkt beglücken.

»Schon wieder so ein blöder Fleck«,
Denkt unser Käfer leicht entrüstet.
»Wie krieg' ich den bloß wieder weg?«
Und hat die Lösung: Er vergisst es!

Denn meistens gibt es keinen Grund,
Um vor irgendetwas Angst zu haben,
Das Leben, das ist viel zu bunt,
Um schwarzen Punkten nachzujagen.

Komm' mit mir!

Komm' mit mir nach draußen, da gibt's was zu
lernen,
Nur aus dem Zimmer musst du dich entfernen.

Komm' mit mir nach draußen, 'raus aus dem
Gemäuer,
Im Fernsehen, da siehst du nur Kampf-Ungeheuer.

Komm' mit mir nach draußen, da füttern wir Vögel,
Und klettern danach noch auf einen Hügel.

Komm' mit mir nach draußen, schon rennen wir los,
Und bauen dann später ein eigenes Floß.

Komm' mit mir nach draußen, dort steht eine
Tonne,
Die roten Tomaten sind reif in der Sonne.

Komm' mit mir nach draußen, wir zupfen die
Möhren,
Und lassen uns dabei vom Flieder betören.

Komm' mit mir nach draußen, so wie's dir gefällt,
Auch unser Hund, der darf mit ins Zelt.

Komm' mit mir nach draußen, hinein in den Regen,
In matschigen Pfützen kannst du 'was erleben.

Komm' mit mir nach draußen, im Wind steigt der Drachen,
Und saust er nach unten, dann müssen wir lachen.

Komm' mit mir nach draußen, wir bau'n eine Hütte,
Sitz' nicht vor'm Computer, das ist meine Bitte.

Komm' mit mir nach draußen, wir liegen im Gras,
Und lachen die Welt aus, denn wir haben Spaß!

Verwandlung

Da sitzt 'ne Raupe auf dem Blatt,
Sie frisst und frisst und wird nicht satt.
So gibt's noch vieles, was ihr blüht:
Denn sie hat mächtig Appetit.

Täglich wird sie immer fetter,
Wenn sie das viele Grün verschlingt...
Der Raupe ist egal, bei welchem Wetter
Und welchen Ruf es ihr dann bringt.

Denn viele denken schadenfroh:
»Du Vielfraß! Fettes Ungeziefer!
Wer immer frisst, muss oft auf's Klo,
Und wird vom Pupsen auch noch größer!«

Das ist gemein, doch völlig unbegründet.
Die Raupe zieht sich stolz zurück;
Wenn sie dann hängt und sich dann windet,
Verwandelt sie sich Stück für Stück.

Und baut um sich ein festes Haus,
In dem so allerlei passiert.
Schlüpft sie dann bald wieder heraus,
Ist sie mit bunten Flecken frisch verziert

Und zeigt die leuchtend schönen Flügel. –
Was sitzt denn da jetzt für ein Ding?

Und flattert zu dem Blumenhügel?
Na, was denn wohl? Ein Schmetterling!

Mein Kind (Gedicht für die Eltern)

Was du auch tust, was immer passiert,
Für deine Fehler, da bleibe ich blind.
Möge es sein, dass dein Herz nicht erfriert,
So bist und so bleibst du doch immer mein Kind.

Finde den Weg und geh' ihn alleine,
Der Weg ist das Ziel, das ständig beginnt,
Und liegen im Weg auch riesige Steine,
So bist und so bleibst du doch immer mein Kind.

Mache dich auf, die Welt zu entdecken,
Nimm' keine Rücksicht und flieg' mit dem Wind,
Nur du alleine kannst dich erwecken,
So bist und so bleibst du doch immer mein Kind.

Nimm' all das Schöne und bleibe dir treu,
Nutze die Zeit, bevor sie verrinnt.
Was *dir* nicht gefällt, erfindest du neu,
So bist und so bleibst du doch immer mein Kind.

Der dicke Pfirsich

Ein dicker Pfirsich plumpst vom Baum,
Er fällt so schnell, man sieht ihn kaum.

Doch ach, herrje! Du liebe Güte!
Er plumpst in eine Plastiktüte!

Und die gehört dem Mädchen da,
Mit Zöpfen trägt sie heut' ihr Haar.

Maria lauscht und hüpft nicht mehr,
Die Tüte ist jetzt doppelt schwer!

Was da wohl drin ist, willst Du wissen? Alle Dinge
und so Sachen,
Die man dringend braucht – zum Backen.

Zu Hause in der Küche, da wartet schon die Mutter
Auf Eier, Mehl und Honig, Rosinen und auf
Margarine.
(Nein, Halt! Natürlich Butter.)

Vom Einkauf kommt Maria heim
Und freut sich, wieder da zu sein.

Eine Stunde braucht der Kuchen.
Maria will noch Blumen suchen.

Die Mutter ruft: »Was ist denn das?
Die Butter ist ja pfirsich-nass!«

Denn in der Tüte ganz weit unten
Hat sie die dicke Frucht gefunden.

Mit dem Käse für das Abendessen
Kann der Pfirsich sich schon gar nicht messen.

Denn betört von dem Aroma,
Liegt der Pfirsich noch im Koma!

Und als er aufwacht, hübsch verziert,
Hat er sein Schicksal akzeptiert:

»Doch nur Maria darf mich essen,
Darauf bin ich ganz versessen!«

Der Pfirsich mit dem süßen Saft
Hat's dem Mädchen leicht gemacht.

Er ist ja ziemlich groß geraten
Und wird vernascht im Blumengarten.

Auch der Pfirsich ist zufrieden,
In Marias sattem Bauch zu liegen...

So gibt's noch viele tolle Früchte,
Die als leck're Leibgerichte

Für alle Kinder gerne sorgen:
Jeden Tag und auch am Morgen!

Der Salamander

Im Kleiderschrank von Alexander
Räuspert sich ein Salamander.

Wie kommt der in den Schrank hinein?
Er hüpft auch noch auf einem Bein!

Ich glaube, er hat sich verlaufen,
Und sitzt auf einem Sockenhaufen.

Der Salamander wird vermisst,
So dass er mit der Zunge zischt.

Er zittert in dem dunklen Schrank,
Ausgesetzt, entehrt und krank.

Sein Schicksal ist auch sein Verhängnis,
Gefangen ist er im Gefängnis!

Schon bald fühlt er sich ganz verlassen,
Und kann es überhaupt nicht fassen...

Doch als er aufwacht aus dem Schlummer
Und versteht, er ist ein dummer

Salamander, der den Tag versäumt:
Das Ganze hat er nur *geträumt*!

Mal' doch!

Mal doch mal die Nase rot,
Und die Wangen lila-grün,
Bade dann mit einem Boot
In der Wanne, das ist schön!

Mal die Augen blau und gelb,
Und die Lippen schoko-braun,
Denn dann bist du der Superheld
Im Superhelden-Badeschaum.

Lach' doch!

Hast du heute schon gelacht?
An etwas Komisches gedacht?
Wenn nicht, dann wird es höchste Zeit:
Sei zum Kichern doch bereit!

Gluckse kreischend vor dich hin,
So hat das Leben noch mehr Sinn!
Wenn du dich kugelst vor Gegacker,
Du Clownsgesicht, du kleiner Racker,

Dann steckst du alle damit an,
Ziehst uns mit Quieken in den Bann,
Bis vor Lachen dir die Tränen laufen...
Kann man so etwas denn kaufen?

Quatsch mit Soße! Sicher nicht!
Es kommt umsonst aus dem Gesicht.
Und gibt es manchmal auch Beschwerden,
Was kann denn schöner sein auf Erden

Als aus vollem Hals zu Grölen,
Keine Luft mehr kriegen, stottern, stöhnen,
Und aus voller Kanne prustend Lachen:
Jeden Tag sollst du das machen!

Keine Angst

Manchmal hat man Angst im Dunkeln,
Innerlich beginnt das Schunkeln –
Und ein Kribbeln kriecht den Hals hinauf:
Am ganzen Körper Gänsehaut...

Die Augen werden rund und größer,
Und schon bald bist du als nächster
Eingefangen im Verließ der Schrecken,
Mit Wassermonstern im Gespensterbecken,

So schaurig schön und gruselig...
Und kneift dich erst der Keller-Wicht,
Dann bleibt dir fast der Atem stehen,
Erstarrt kannst du nicht weitergehen!

Ganz langsam drehst du dann den Kopf –
Und hörst erschreckt ein »Klopf-Klopf-Klopf«...
Und vor dir taucht sie auf, die Fratze,
Doch keine Angst: Es ist die *Katze*.

Manfred, der Holzwurm

Im alten Eichenholz-Parkett
Wohnt hinten links in einem Brett

Ein kleiner Holzwurm mit 'ner Brille;
Die Ruhe mag er und die Stille.

Manfred heißt der Wurm mit Namen
Und frisst am liebsten Bilderrahmen:

Aus Buche, Fichte – oder Linde,
Am besten roh und ohne Rinde.

Nicht jedes Holz ist einwandfrei,
Manches liegt im Bauch wie Blei.

Wenn Manfred dann Verstopfung hat,
Ist er stundenlang ganz matt.

Dann kriecht er zu 'nem leichten Besen,
Um sich durch den Stiel zu fräsen.

Bald geht es ihm dann wieder gut,
und ihn packt der Übermut.

Dann zeigt er uns den Drehwurmtanz,
Und bittet sehr um Toleranz,

Weil er nun einmal anders ist,
Und liebend gerne Möbel frisst.

Das ist kein Grund, ihn zu verachten,
Drum denk' nicht das, was and're dachten.

Das Gedicht wurde vom Norddeutschen Rundfunk vertont und am
2. 06. 2010 auf NDRinfo in der Sendung "Mikado – Radio für
Kinder" ausgestrahlt.

Du bist du

Du bist du und keiner sonst,
Einzigartig auf der Welt,
Sicher ist das keine Kunst,
Sondern so, wie's *dir* gefällt.

Wenn and're dich nicht mögen,
Dann ist das eben ihr Problem,
Du bist du und musst nicht lügen,
So ist es doch sehr bequem.

Bleib' dir treu und immer ehrlich,
Nimm' stets mit, was du bekommst.
Ist es manchmal auch beschwerlich:
Du bist du und keiner sonst.

Die Schramme

Was gibt's denn da zu weinen?
Das ist doch gar nicht schlimm...
Steh' wieder auf den Beinen,
Und geh' mal zu den anderen hin!

Die Hose kann man sicher näher,
Heraus gewaschen wird der Fleck,
Und hast du's nicht gesehen,
Ist die Schramme wieder weg.

Die kleine Wunde heilt schnell,
Das bisschen Blut verkrustet heiter...
Rasch wächst das neue Fell,
Die Lücke schließt sich weiter.

Bald schon ist es wie zuvor,
Wir kleben jetzt ein Pflaster d'rauf.
Morgen stürmst du dann in's Tor:
Und ein *neues* Spiel – nimmt seinen Lauf.

Raumschiff Kullerknall 07

So schnell wie der Blitz rast es vorbei
Und sieht dabei aus wie ein blinkendes Ei.

Ganz hinten links, im Weltall versteckt,
Ist ein funkelnder Stern noch gar nicht entdeckt.

Das Raumschiff landet auf dem Planeten
Auf einer Straße aus grünen Tapeten.

Es kann nicht mehr stoppen und bremst viel zu
spät,
So rutscht es nach vorn' in ein Brennnessel-Beet.

Dann kommt es zum Stehen, man kann es nicht
warnen,
In einem Wald aus blauen Bananen.

Es funkt einen Notruf: »SOS, bitte kommen!
Wir sind im Weltall – zwischen zwei Sonnen!

Hier ist Raumschiff Kullerknall 07,
Am Raketen-Antrieb muss es liegen!«

Das Teleskop ist ein dünnes Spaghetti
Und der Auspuff spuckt nur noch Konfetti! –

Doch dann ruft Vater: »Komm' her zum Essen!

Die Schule darfst du nicht vergessen.

Für das Leben muss man sehr viel lernen,
Das steht bestimmt nicht in den Sternen!« –

Nur auf dem Pappkarton steht "Kullerknall",
Und die "07", die ist auch dabei:

Mittendrin sitzt Christian,
Darunter die Tapetenbahn!

Das "Raumschiff" steht im Kinderzimmer,
Nur landen darf es *dort* nicht immer.

Hier endet nun die Weltall-Reise
Auf unvorhergeseh'ne Weise.

Die meisten der Erwachsenen, die lernen das wohl
nie:
Besonders auf der Erde gibt's viel mehr Fantasie!

Ein Schlaf-Gedicht

Schlummer hinfort in süße Gefilde,
Finde dich wieder im Zaubergebilde,
Geführt an der Hand durch Elfenverwandlung,
Es gibt keine Grenzen, der Schlaf ist die Handlung.

Schwebe den Lichtern der Freude entgegen,
Verfolge den goldenen Sternschnuppen-Regen,
Der dich verzaubert im wohligen Frieden,
Die Nacht und die Sterne werden dich lieben.

Noch ein Schlaf-Gedicht

Schweeeeer sind die Lider,
Der Aaaaatem, der wird
Laaaaagsamer wieder...
Der Köööööörper erfährt:
Er ist so müüüüüüde,
Und möchte schlaaaaafen,
Mit aller Liiiiiebe,
Zum Klang schöner Haaaaarfen.
Seeeeelig entschwinden,
Erhooooolsame Nacht,
Mit Ruuuuuhe verbinden,
Die üüüüüüber dich wacht.

(Spätestens jetzt müsste der Vorleser auch
eingeschlafen sein.)

Für Dich

Alles ist Liebe und ich hab' dich lieb,
Ich will dir 'was stehlen, denn ich bin ein Dieb!
Doch geb' ich dir wieder, was du schon längst hast,
Sonst komm' ich vielleicht sogar in den Knast?

Es ist nur mein Herz, du kannst es behalten,
Gib' gut darauf acht, du kannst es auch falten,
Und knicken und biegen und eiskalt bespritzen,
Mit lustigen Worten, mit Scherzen und Witzen.

Doch lass' es nicht fallen wie Bonbonpapier,
Was passt denn zusammen? Na klar, das sind wir!
Für immer und ewig, für fröhliche Zeiten,
Ein lachendes Leben will ich dir bereiten!

Und auch mit dir spielen, bei Wind und bei Regen,
Erteilt uns ein Engel den sonnigen Segen,
Und wacht über dich im Dunkel der Nacht.
Wir tanzen vor Freude: Das Licht ist gebracht!

So kann nichts passieren, ruf' ich dir entgegen,
Freue dich auf ein *glückliches* Leben!
Und tobst du vor Lachen bei einem Scherz,
Dann freut sich mit dir auch mein Herz.

Pusteblume

Pusteblume, hast du Lust,
Weit oben mit dem Wind zu schweben?
So beginnt für dich bewusst
Ein neues Pusteblumen-Leben.

Dutzendfach zerstreust du dich
Und keiner kann dich fangen.
Später dann im Frühlingslicht,
Im grünen Park, vor hohen Tannen,

An Straßen und auf bunten Wiesen
Pflanzt du deine Blumensamen,
Bekommst 'nen Wachstumsorden gar verliehen
Und einen neuen Sonnen-Namen:

Löwenzahn wirst du dann heißen,
Wenn die gelben Blüten neu entstehen,
Die mich erfreu'n und mich begleiten,
Bis ich wieder einmal sage:
»'Ne Pusteblume - hab' ich dort gesehen!«

Drei Abzählreime

Eene meene Meckertanten,
Grün gestreifte Elefanten,

Eene meene Rollerreifen,
Diese Chance musst du ergreifen,

Eene meene: Aus die Maus,
Vier, fünf, sechs, und du bist raus!

Eene meene Käseloch,
Im Pflaumenpudding sitzt der Koch,

Eene meene Riesen-Tiger,
Gleich bist du der Spielverlierer,

Eene meene krempelzutsch,
Vorbei der Quatsch, denn du bist futsch!

Eene meene Pommesbrei,
Gleich kommt schnell die Polizei,

Eene meene tü-ta-ta,
Geschnappt wirst du, das ist doch klar,

Tü-ta-ta Geheimversteck,
Hände hoch! Und du bist weg!

Karl-Heinz, das Känguruh

Es war einmal auf Wang-Tschang-Fu,
Da lebte einst ein Känguruh.

Auf einer Insel weit im Meer,
Von sehr weit weg, da kam es her.

Es konnte sich nicht mehr erinnern,
Und fing recht laut dann an zu wimmern,

Denn es war fürchterlich alleine,
Freunde hatte Karl-Heinz keine.

So hieß das Tier, genannt auch Kalle,
Vom Weinen kam ihm hoch die Galle.

Ausgesetzt fern von zu Hause,
Mit Knäckebrot und Himbeerbrause.

Seitdem's so war, da schlich es lieber
Durch die Gegend wie ein Biber...

Verkroch sich dann am Meeresstrand,
Der Kopf, der steckte tief im Sand.

Und auch der Beutel war ganz leer,
Das Herz, das war ihm furchtbar schwer.

Zwar gab es ein Stück Nachbarland,
Doch Kalle hatte nicht erkannt,

Dass es so weit nicht war entfernt,
Denn Kalle hatte schon verlernt,

Mit seinen Füßen weit zu springen
Schon musste er um Fassung ringen,

Ein Schluchzen kam aus seiner Kehle,
Es war ihm Angst um seine Seele,

Dass er für alle Zeit auf Wang-Tschang-Fu
So einsam war als Känguruh...

Dabei gab's auf dem Nachbarland
Ein Warzenschwein, doch das war krank

Vom Grübeln und vor Einsamkeit,
Und tat sich selbst am meisten leid.

Das Borstenvieh hieß Kunigunde,
Und wünschte sich herbei im Grunde

'Nen lieben Freund für schöne Dinge.
(Am liebsten ohne Augenringe...)

So ging es hin allein zum Ufer,
Und sah geschockt den and'ren Sucher.

Das war unglaublich und verrückt,
Denn *beide* hatten Schweine-Glück!

Doch zwischen ihnen floss das Wasser,
Da nahm Karl-Heinz die Brause-Fässer,

Und bastelte ein kleines Floß,
Das reichte bis zur Mitte bloß,

An einem Seil festgeknüpft,
Dann sagte Kalle: »Hey! Ich hüpf'!«

Und sprang auf's Floß mit Anlauf: »Hepp!«
Dahinter lag jetzt richtig Pepp!

Nach noch 'nem Hüpfer, zweite Runde,
Erreichte er die Kunigunde.

Von Anfang an hätt' schon bestanden,
Die Möglichkeit, bei ihr zu landen.

Was lernen wir für unser Leben? –
Am Mitleid soll man niemals kleben.

Statt dessen einen Sprung auch wagen,
Und niemals mehr in Kummer baden.

Und geht die Sache auch mal schief,
Denk' immer, wie's bei Kalle lief!

Zauberspruch

Abrakabimdihexhamstikröte
Schnickschnackengiftblasimondsonniröte

Knallauseinanderquadratkreisifeuer
Loderhochzüngelschluckschleimungeheuer

Flügelwillbreitifliegflogwieeindrachen
Blubbertopfschaumblasiflüssigkeitmachen

Katzschwarzerkürbiskratzkriechendespinne
Drehkugelschaumikristallregenrinne

Simsalasumselmausflederblabla
Zickzackenzunder – der Zauber wird wahr!

Krank

Bist du krank und liegst im Bett,
Fühlst dich schlapp und elendig,
Freu'n sich Viren, dick und fett:
Diese Burschen kennen dich.

Alles tut weh, die Nase läuft immer,
Der Schnupfen ist Teil einer Grippe;
Und nach einem Tag wird alles noch schlimmer,
Die Zunge schwillt an, dazu auch die Lippe.

Der Hals ist gerötet, was wäre dir lieber?
Statt spielen zu gehen,
Bekommst du nun Fieber –
Und Krampf in den Zehen.

Verflixt! So ein Pech! Dir kommen die Tränen:
Die anderen, die machen jetzt Picknick im Wald,
Und du musst den scheußlichen Hustensaft
nehmen,
Abwechselnd wird dir erst heiß und dann kalt.

Doch wirst du versorgt von allen Verwandten:
Die Mama ist bei dir den ganzen Tag,
Der Papa, Geschwister, die Onkel und Tanten,
Alle woll'n wissen, was du gerne magst.

Es ist gar nicht schlecht, im Bett krank zu liegen.

Und ist auch die Nase ganz rot und ganz wund,
Du wirst die Bazillen und Viren besiegen
Und aufsteh'n und sagen: »Jetzt bin ich gesund!«

Wie viele Wörter beginnen mit "K"?

Es klingelt und knallt in der Wanne,
Der Kaffee kocht kurz in der Kanne,

Kein Kühlschrank kann klettern,
Der Keks und der Krümel sind keine Vettern,

Kartoffeln und Ketchup können nicht singen,
Der kleine Kaplan bringt den Kirchturm zum
Klingen,

Es kuschelt ein Kiwi mit einer Kröte,
Ein Kamel mit Kapuze spielt auf der Flöte,

Ein komischer König bekommt einen Kuss
Und ein kugelnder Knödel, der macht jetzt Schluss.

Der Milchzahn

Du öffnest den Mund
Und denkst: Was ist das?
Es ist alles wund,
Das macht keinen Spaß!

Du fühlst mit der Zunge,
Dass etwas nicht stimmt.
Ob Mädchen, ob Junge,
Bei jedem beginnt

Die Zeit mit den Zähnen:
Es wackelt und kracht
Beim Essen, beim Gähnen
Und auch, wenn du lachst!

Mit Joghurt und Quark
Hat das nichts zu tun,
Es knirscht aber stark
Und lässt dich nicht ruh'n.

Es ist nur ein Zahn,
Er heißt wie die Milch,
Lass' ihm freie Bahn,
Dem Fiesling, dem Knilch.

Er bricht einfach weg,
Jetzt heißt es Geduld,

Im Mund ist ein Leck
Und daran ist Schuld

Der Milchzahn, doch lässt es ihn kalt.
Läuft alles gut – und das ist gewiss,
Dann hast du bald
Ein *neues* Gebiss!

Ein Friedensgedicht (Auch für alle Eltern)

Spiele nicht mit Zinnsoldaten,
Was das heißt, das zeige allen,
Keiner darf den Krieg erwarten,
Den dummen Köpfen zum Gefallen.

Spiele nicht mit blöden Spielen
Am Computer Kampfduell,
Gehört so etwas zu den Zielen,
Gewinnst du dieses, und zwar schnell:

Ein Verlierer ist im wahren Leben,
Der Gewalt verherrlicht als Idee.
Danach sollst du niemals streben,
Sondern sagen: »Ich versteh'!«

Spiele nicht mit Zinnsoldaten,
Lass' dich nicht davon verleiten,
Alle Menschen, alle Länder,
Sollen *Frieden* nur verbreiten.

Geburtstag

Luftballons, Papiergirlanden,
Eingeladen viele Banden,
Häuptlinge und Indianer,
Erdbeerkuchen, Tee und Sahne,
Spiele selber ausgedacht,
Geschenke sind längst mitgebracht,
Süßigkeiten, Eis am Stiel,
Davon gibt es heute viel,
Lutscher, Bonbons, Schokolade,
So was gibt's nicht alle Tage,
Zeichentrick und viel Gelächter,
Umgefall'ne Kirschsaft-Becher,
Fantasie und Denkvermögen,
Lustig bunte Bastelbögen,
Selbst gemachte Gruselmasken,
Kaugummi in Suppentassen,
Aufgepasst, wir fangen dich!
Acht, neun, zehn, du kriegst uns nicht!
Ein Jahr älter, ohne Scherze,
Ausgepustet wird die Kerze,
Und die Lichter auf der Torte
Sind der Weg durch diese Pforte:
Für die Zukunft, durch das Leben,
Wollen wir jetzt hoch dich heben,
Und von Herzen gratulieren,
Niemals einen Freund verlieren,
Mit dir feiern alle Zeit:

Glückwunsch und Zufriedenheit!

Großeltern

Jedes Kind hat eine Oma
Und eine zweite gleich dazu,
Diese wohnt in La Paloma
Und spielt gerne "Blinde Kuh".

Auch der Opa möchte spielen,
Und der zweite sowieso,
Dabei biegen sich die Dielen –
Und sie geh'n mit dir zum Zoo.

Darauf kannst du immer bauen,
Und machen, was du sonst nicht darfst:
Schreien, hüpfen, Bleistift kauen,
Keiner sagt dir: »Kind, sei brav!«

Manchmal kann es leider sein,
Dass die Oma schon im Himmel ist,
Wie ein Engel mit 'nem Lichterschein,
Der dich sieht und sehr vermisst.

Auch der Opa lebt vielleicht nicht mehr,
Doch unsichtbar beschützt er dich:
Er spricht zu dir als Teddybär,
Und drückt dich an sein Stoffgesicht!

Lucie Monaco

Welches Wort reimt sich auf "Haus"?
Jeder weiß es, das ist "Maus".

Darum geht's in dem Gedicht,
Um 'ne Schnecke geht es nicht.

Lucie Monaco, so heißt dieser Nager,
Ist immer geschickt und nie ein Versager.

Sie kann balancieren mit ihrem Schwanz,
Und bindet dabei einen Edamer-Kranz.

Sie fertigt Skulpturen aus Milchtrockenmasse,
Und klatscht in die Pfötchen und ruft: »Das ist
Klasse!«

Auch Käse aus Tilsit und Gouda pikant
Gehen recht künstlerisch von ihrer Hand.

Die Maus macht Collagen aus Krusten und Rinde,
Dazwischen entsteht noch ein Käsegebinde.

"Lucie Monaco" heißt sie nicht in echt,
Doch "Gitti Schulz-Meyer", das klang ihr zu
schlecht.

Auf bunten Plakaten, in leuchtenden Rahmen,

Entdeckte sie einst ihren Künstlernamen.

Die Werke sind als Kunst begehrt,
Gelingt ein's nicht, wird es verzehrt.

Als Maus von Welt wird sie verstanden,
Denn Selbstbewusstsein ist vorhanden.

Lucie Monaco will damit sagen:
Am Schicksal muss man selbst auch nagen!

Kissenschlacht

Steckst du schon im Schlafanzug,
Fertig, um ins Bett zu gehen,
Doch der Tag war nicht genug?
Das kann ich sehr gut verstehen.

Es ist noch Zeit, dann kommt die Nacht
Unter einer warmen Decke.
Doch vorher gibt's 'ne Kissenschlacht:
Ein Kissen trifft die Ecke

Und – Zong! – erwischt mit einem Schlag
Den Bauklotz-Turm im Kinderzimmer,
Dazu den Spielzeug-Pferdepark,
Das Toben wird noch einmal schlimmer.

Es fliegen die Fetzen und auch ein paar Daunen,
Kreischend und schreiend springst du umher,
Hast mich längst besiegt, das ist ja zum Staunen,
Doch nun bist du dran, denn das ist nur fair.

Vollkommen erschöpft fällst du ins Bett:
Für heute ist genug gelacht.
Gleich schläfst du ein und träumst recht nett
Von der nächsten Kissenschlacht.

Auf dem Mond

Oben am Himmel, direkt auf dem Mond
Stellt sich die Frage: Wer da wohl wohnt?

Zwischen den Sternen im leuchtenden Rund
Verbirgt sich ein Häuschen – mit einem Hund.

Dieser liegt draußen auf steinigem Boden,
Aber sein Platz dort wird immer verschoben.

Das kleine Häuschen, es wandert umher,
Da, wo es stand, steht es nicht mehr.

Wo kann es nur sein? Wo ist es geblieben?
Ist es gestohlen von listigen Dieben?

Nun hört man ein Knurren, ein lautstarkes Bellen:
Dieses Geräusch, das muss man jetzt kennen.

Aus einem Krater, aus einem Schlund,
Grüßen von unten das Haus und der Hund!

Ein Rätsel-Gedicht

Ich sehe was, was du nicht siehst,
Das kannst du gar nicht wissen,
Es öffnet sich, wenn man dran zieht,
Und ist ganz schlecht zum Küssen.

Ich sehe was, was du nicht siehst,
Du guckst ja gar nicht hin,
Es steht was drauf, wenn man es liest,
Ist innen klar und oben dünn.

Ich sehe was, was du nicht siehst,
Das kannst du mir ruhig glauben,
Wer daran riecht, hat schon geniest,
Der Drehverschluss ist aufzuschrauben.

Ich sehe was, was du nicht siehst,
Es hilft auch keinem Jäger,
Pass' aber auf, dass es nicht trieft:
Es ist 'ne Flasche Alleskleber!

Die Luftbeere, die eine Erdbeere sein möchte

An einem kleinen Strauch im Wald
Wächst eine Frucht – und die sagt: »Halt!

Keiner kann mich sehen, das finde ich nicht fair!
Unsichtbar zu sein – das will ich jetzt nicht mehr!

Ich bin nur Luft an diesem Strauch,
So wie im Dunst und wie im Rauch.

In keine Form pass' ich hinein,
Ich bin kein Hut und auch kein Stein.

Mein Körper hat nicht *eine* Seite,
Keine Länge, keine Höhe, keine Breite.

Etwas Farbe wär' nicht schlecht, leuchtend rot und
wunderschön.
Und nicht gestreift und nicht kariert und auch nicht
Schwarz – nur aus Versehen.

Drum wird es Zeit für mich zu handeln,
Ich muss mein Äußeres verwandeln.

Das ist alles, was ich hier begehre:
Dann sieht man mich am Strauch –
Als süße, reife Beere!«

In deinen Augen kann ich sehen

In deinen Augen kann ich sehen
Jene Zuversicht und Wärme,
Die ganze Welt ist zu verstehen,
In der Nähe, in der Ferne.

In deinen Augen kann ich sehen
All das Schöne, das du siehst,
All die Märchen, Elfen, Feen,
Und die Düfte, die du riechst.

In deinen Augen kann ich sehen,
Wie du Welten neu erfindest,
Und wie Wunder in Erfüllung gehen,
Wie du die Sonne mit dem Mond verbindest.

Mit deinen Augen kann ich sehen,
Was ich bei mir so oft vergesse...
Mit deinem Wind, da möcht' ich wehen,
Und ich schwöre, mich zu bessern!

In deinen Augen kann ich sehen.

Der Elefant und die Mücke

Vladimir der Elefant
Wär' gerne schön und elegant.

Voller Falten ist die Haut
Und die Gelenke knacken laut.

Die Beine, die sind viel zu dick,
Das macht den Vladimir verrückt!

Und dann die Ohren! Wie zwei Segel!
Außerhalb der Schönheitsregel!

Schlapp hängt die Nase, der riesige Rüssel...
Gerade der aber ist doch der Schlüssel

Zur Eleganz mit einem Schnitt,
Darum also: Weg damit!

»Ich lass' mich operieren,
Mich mit neuer Haut verzieren«,

Denkt Vladimir verbissen.
»Ich werd' ihn nicht vermissen,

Diesen Rüssel, diese Schlaufen,
Damit stolper' ich beim Laufen!«

Vladimir hält plötzlich inne:
Im Spiel sind hier noch and're Dinge.

In den Ohren klingt ein Summen,
Das wird sicher schnell verstummen.

Bald aber nervt es in der Luft,
Die gute Laune ist – verpufft!

So landet voller fieser Tücke
Auf der langen Nase eine Mücke.

Ganz wütend ist der Elefant
Und streift der Rüssel durch den Sand

Hin und her wie eine Schlange.
Der Mücke, der wird Angst und Bange.

Furchtbar schmerzhaft will sie stechen,
Um sich fürchterlich zu rächen!

Befreit sich aus dem dunklen Staub,
Doch Vladimir, der ist nicht taub.

Mitten auf dem langen Zinken
Will die Mücke – in der Haut versinken.

Damit stößt sie auf Granit:
Hier endet ihr gesummtes Lied...

Dick wie Panzerglas, am Kopf verstaut
Wirkt die Elefantenhaut!

Auch die Ohren sind von Nutzen.
»Die lass' ich mir niemals stutzen!

Und der Rüssel im Gesicht
Hält alles das, was er verspricht!«

Vladimir kommt schwer in's Grübeln,
Es gießt aus allen Kübeln

Gedankenblitze, hell und rein:
»Ich glaub', es könnte besser sein,

So zu bleiben, wie ich bin.
Nur *mit* dem Rüssel macht es Sinn!

Wie dumm von mir«, denkt Vladimir.
»Was soll der Quatsch? Ich bleibe hier

Mit Haut und Haar ein Elefant.
Erst jetzt hab' ich mich selbst erkannt!«

Im Inneren der Erde

Du wachst wieder auf:
»Wo bin ich denn nun?«
Und spürst einen Hauch.
»Was soll ich jetzt tun?«

Dann spricht eine Stimme
Von nah' und von fern...
Du hältst wieder inne –
Und siehst einen Stern!

Gold und Orange leuchtet es schön,
Als wär' es am Abend die Sonne.
Noch nie hast du so etwas Schönes geseh'n
Und wundervoll spürst du die Wonne.

In deinem Ohr wird die Stimme nun lauter:
»Herzlich willkommen! Wir freuen uns sehr!«
Es duften die Rosen, die Tulpen und Kräuter
In einem hellen, strahlenden Meer.

»Sag' mir, wo bin ich bloß hier?«
Fragst du die Frau im weißen Gewand.
»Hab' keine Furcht, denn wir sind bei *Dir*
In einem fantastischen, uralten Land.«

Im *Inneren* der Erde, da liegt es tief verborgen.
Aus Kristall sind Städte und Paläste,

Da gibt es nichts Böses und auch keine Sorgen:
Dort feiern die Menschen fröhliche Feste.

Willkommen sind nur solche Leute,
Die von reinem Herzen sind.
Alle leben hier und heute,
Weil sie sich freuen – wie ein Kind.

»Leider musst du bald zurück«,
Sagt die Frau und blickt zu dir.
»Dort oben gibt's nicht so viel Glück,
So bitt' ich dich, versprich' es mir,

Dass du den Menschen von dem Land erzählst
Und wie man es erreichen kann.
Wenn man das Gute statt das Böse wählt
Vereinen wir uns – irgendwann.«

Winter

Das Jahr wird langsam kürzer,
Was steckt denn nur dahinter?
Schon riecht es nach Gewürzen,
Es ist bald wieder Winter.

Der Duft von Zimt steigt in die Nase,
Der erste Frost, der erste Schnupfen,
Im Urlaub ist der Osterhase,
Und in der Luft sind weiße Tupfen.

»Hurra! Hurra! Der Schnee bleibt liegen!
Kann ich 'ne rote Rübe klauen?« –
»Was willst du denn? Halt! Hiergeblieben!« –
»Ich muss jetzt einen Schneemann bauen!«

Die Augen sind zwei Eierkohlen,
Der Mund besteht aus viel Lakritze,
Die Rüben-Nase ist gestohlen,
Der Schneemann macht schon Winter-Witze...

Und grinst dich an mit Augenzwinkern:
»Erfriere nicht! Und geh' ins Haus!«
Strahlend bunte Lichter blinken,
Denn morgen kommt der Nikolaus.

Wir kuscheln uns dicht aneinander,
Der heiße Kakao, der wärmt kräftig durch,

Advent heißt die Zeit im Schoko-Kalender,
Weihnachten wird dann mal laut und mal ruhig.

Da brennen die Kerzen, du darfst dir 'was
wünschen,
Und anderen Kindern Geschenke auch bringen,
Nüsse und Äpfel, die stecken in Strümpfen,
Das Fest soll im Winter *für alle* gelingen.

Gemeinsam

Menschen aus jeder fremden Kultur
Sehen die Zeit überall auf der Uhr.

Bei Tag ist es dunkel, bei Nacht ist es hell,
Die Zeit auf der Welt vergeht viel zu schnell.

Beginnt hier der Tag, kommt woanders die Nacht,
Das Leben hat sich diese Zeit ausgedacht.

Das ist kein Problem, denn jeder versteht,
Wie sich die Erde, die Welt weiter dreht.

So hat sich bei uns die Natur aufgebaut.
Das gleiche gilt auch für die Farbe der Haut:

Ob hell oder dunkel, das ist doch egal,
Leider ist dies für viele die Qual

Anders zu sein als andere Menschen.
Dabei ist es leicht, sich hier zu *ergänzen*.

Verschiedene Bräuche, verschiedene Lieder,
Ganz neue Freunde treffen sich wieder!

Die spannende Welt steht allen bereit:
Wir feiern gemeinsam die schönere Zeit!

Die Wende (Gedicht für Erwachsene)

So viele Menschen auf einem Platz!
Dann kommt die U-Bahn – und saust durch die
Stadt.

Von Bahnhof zu Bahnhof in kürzester Zeit,
Die Wege und Ziele wär'n sonst zu weit.

Die Hektik fährt mit, es ist purer Stress,
Das blöde Gedränge gibt vielen den Rest.

Nun steigen sie aus und rollen auf Treppen
Dem Ausgang entgegen, um sich zu retten.

Sie stürzen gleich weiter in alle Läden:
In jedem Kaufhaus, da bleiben sie kleben.

Neue Besitzer, sie haben das Geld,
Bedrucktes Papier herrscht über die Welt.

Was ist mit den Kindern, kann man sie kaufen,
Um ihnen dann die Seele zu rauben?

Es gibt keinen Spielplatz, kein Eis in der Hand,
So unglaublich *reich* nennt sich das Land.

Jeder ist wichtig, nur nicht die Kinder!
Es ist alles krank und wird nicht gesünder.

Sie sind keine Ware mit einem Schild,
Keine Personen ohne ein Bild.

Hochmut und Dummheit kommt vor dem Ende,
Doch *Liebe zu geben* – bringt hier die Wende.

*Herzlichen Dank an Max Kruse und
Peter Daniell Porsche, die mich dazu ermutigt haben,
diesen Weg zu gehen.*

Udo Brückmann, Jahrgang 1967, lebt als freiberuflicher Autor im ländlichen Niedersachsen. Im BoD-Verlag ist bisher von ihm erschienen: "Vorsicht Pflege-Stufe! – Wege aus der Krise". Das Buch, ein persönlicher und gesellschaftlicher Ratgeber, behandelt das Thema Pflegebedürftigkeit kranker und älterer Menschen.

Quellennachweis, Zitat von Alexander Sutherland Neill:
"Das große Krüger Zitaten Buch", Seite 275. Herausgeber:
J. H. Kirchberger, Lexikographisches Institut, München, 1977, 1981